Diálogos com os casais sobre uso, abuso e dependência de drogas

COLEÇÃO **DIÁLOGOS SOBRE DROGAS**

DIÁLOGOS COM OS CASAIS SOBRE USO, ABUSO E DEPENDÊNCIA DE DROGAS

Beatriz Marra Vaz de Camargo
Eroy Aparecida da Silva
Ana Regina Noto
Denise De Micheli

Casa do Psicólogo®
uma empresa PEARSON

1ª Reimpressão: 2015

Editor: Ingo Bernd Güntert
Gerente Editorial: Fabio Melo
Coordenadora Editorial: Marcela Roncalli
Assistente Editorial: Cíntia de Paula
Produção Editorial e Capa: Casa de Ideias

Dados Internacionais de Catalogação na Publicação (CIP)
Angélica Ilacqua CRB-8/7057

Diálogos com os casais sobre uso, abuso e dependência de drogas / Beatriz Marra Vaz de Camargo...[et al.]. - São Paulo : Casa do Psicólogo, 2015.
(Coleção Diálogos sobre drogas)

1ª reimpressão da 1ª edição de 2015
ISBN 978-85-8040-276-6

1. Casais 2. Drogas - dependência 3. Família - diálogo 4. Psicologia I. Camargo, Beatriz Marra Vaz de II. Silva, Eroy Aparecida da III. Noto, Ana Regina IV. De Micheli, Denise V. Série

13-0006 CDD 616.89156

Índices para catálogo sistemático:
1. Drogas – abuso e prevenção

Impresso no Brasil
Printed in Brazil

As opiniões expressas neste livro, bem como seu conteúdo, são de responsabilidade de seus autores, não necessariamente correspondendo ao ponto de vista da editora.

Casapsi Livraria e Editora Ltda.
Avenida Francisco Matarazzo, 1500 - Conjunto 51
Edifício New York - Centro Empresarial Água Branca
Barra Funda - São Paulo/SP - CEP 05001-100
Tel. Fax: (11) 3672-1240
www.casadopsicologo.com.br

Sumário

Palavras iniciais

Este livreto é destinado a você que vive com um companheiro (ou uma companheira) usuário de álcool ou outras drogas. Serão fornecidas informações sobre o uso de drogas na vida a dois e orientações de como você pode conversar com a pessoa com quem vive sobre o assunto – principalmente, se isso está afetando o seu relacionamento.

Serão discutidos temas como o encontro de parceiros, assim como as dificuldades na vida a dois quando as drogas estão presentes. Para isso, é importante que você saiba o que são drogas, como evitar problemas relacionados ao uso de drogas pelo casal, como identificar o início de um problema com álcool ou outras drogas e, finalmente, como enfrentar a situação na relação marital.

No fim do livro há diversas indicações úteis, como filmes, livros e serviços de utilidade pública para obter mais informações, de acordo com as suas necessidades.

Boa leitura!

As autoras.

Começo da parceria: encontro de duas pessoas

O que é uma parceria conjugal?

De maneira geral, a formação de uma parceria conjugal se dá a partir do encontro de duas pessoas que resolvem viver juntas. Isso pode ocorrer tanto por um contrato formal e jurídico de casamento (casamento civil em cartório) como de maneira informal, ou seja, quando as pessoas apenas passam a viver juntas, sem oficializar a união perante a lei. Os parceiros se unem por vários motivos, entre eles, a ligação amorosa, o desejo de formar uma família e ter relações íntimas, incluindo as sexuais etc. Algumas vezes, esses motivos para viver junto com alguém podem mudar com o passar do tempo.

"Parceria conjugal" é o termo que se usa para qualquer forma possível de união entre duas pessoas que vivem juntas maritalmente. Alguns aspectos são muito importantes na parceria marital ou conjugal: a escolha do parceiro, a comunicação, as crenças, as regras, os costumes e os valores que as duas pessoas vão compartilhar em sua vida.

Alguns exemplos de parcerias conjugais:

Imagem: shutterstock/ Lorelyn Medina

- casais com filhos;
- casais sem filhos;
- casais que vivem com mais outras pessoas (familiares ou não);
- casais que moram em casas separadas (ou cidades);
- casais cujos parceiros já tiveram uniões anteriores (com ou sem filhos);
- casais de pessoas do mesmo sexo, com ou sem filhos.

Você sabia?

No ano de 2003 ocorreram 748.981 casamentos formais no Brasil. No entanto, também aumentou o número de divórcios. O tempo médio entre o casamento e a separação é de 10,9 anos. A média de idade dos homens que se divorciam no Brasil é 41,6 anos e das mulheres é 39 anos. De maneira geral, as pessoas que se divorciam voltam a se casar.

Fonte: Instituto Brasileiro de Geografia e Estatística – IBGE (2003).

Desafios dos parceiros

O casamento (seja de "papel passado" ou não), de modo geral, traz mudanças importantes na vida das pessoas. Ao se unirem, na maioria das vezes, os parceiros passam a conviver no mesmo espaço e há uma "mistura" de culturas, valores e costumes nem sempre fáceis de lidar e aceitar. Eles passam a ter um compromisso com uma história em comum, que vai desde as decisões sobre onde morar ou como querem viver (por exemplo: vida modesta ou busca de sucesso e prestígio, a construção de um projeto futuro para ambos) até escolhas como ter ou não filhos, que tipo de educação dar aos filhos, a vida social, o relacionamento com as famílias de origem de cada um dos cônjuges etc. Portanto, são muitos os desafios a serem enfrentados na vida a dois: o estresse do dia a dia, a luta pelo sustento e manutenção da família, a divisão das responsabilidades familiares, maritais e profissionais. Tudo isso tem influência direta no relacionamento de dois parceiros.

O casamento é afetado por muitos acontecimentos – alguns que se podem prever (nascimento de filhos, por exemplo) e outros imprevisíveis (como a morte de uma pessoa jovem da família) –, que acontecem ao longo do ciclo vital[1] de uma família. Eles podem modificar o relacionamento do casal, tanto em relação às tarefas (o que cada um faz) como no que diz respeito à comunicação.

---

1 Ciclo vital: nome das diferentes fases da vida pelas quais passam os indivíduos: nascimento, primeira e segunda infância, adolescência, fase adulta, velhice, morte. O ciclo vital familiar acompanha os ciclos dos indivíduos.

O uso abusivo de drogas é um dos desafios que pode aparecer na vida de um casal.
É importante deixar claro que não existe vida em comum sem problemas, mas existem parceiros que, diante dos problemas, conseguem se unir para enfrentá-los.

Casal: uso, abuso e dependência de drogas

Afinal, o que são drogas?

As pessoas consomem álcool e outras drogas por várias razões. Muitas vezes, o consumo de algumas drogas como o cigarro e as bebidas alcoólicas faz parte da vida social. Outras vezes, as pessoas usam o álcool para alívio do estresse da vida cotidiana ou para se isolarem dos outros. Muitas pessoas procuram o prazer dos efeitos da droga para ficar mais alegres ou para poder falar tudo o que pensam.

Você já deve ter ouvido alguém reclamar do uso de álcool ou outras drogas por seu(sua) companheiro(a), dizendo coisas como:

> [...] quando ele(a) não bebe é um amor de pessoa. Bebeu, estraga tudo: fala bobagens, agride.
>
> [...] quando ele(a) não cheira cocaína, é mais calmo, dá pra conversar; quando cheira, se transforma: anda de um lado para o outro, fica agitado(a), não dorme.

Para compreender como as drogas podem afetar a vida a dois, primeiramente, é preciso saber o que são drogas e quais as mais usadas no Brasil.

As drogas são substâncias que alteram o funcionamento do organismo. Existem drogas que agem no cérebro e provocam alterações na memória, raciocínio, emoção, sentimentos, coordenação motora, humor etc. Neste guia serão discutidas algumas das drogas mais usadas que agem no cérebro e podem provocar dependência.

Você deve saber que existem muitos tipos de drogas – algumas são proibidas por lei (as drogas ilícitas ou ilegais, como a maconha e a cocaína) e outras são permitidas para maiores de idade (as drogas lícitas ou legalizadas, como é o caso do cigarro – tabaco – e das bebidas alcoólicas). Além disso, algumas drogas deixam a pessoa mais estimulada, outras dão sono, outras podem fazer com que "vejam coisas que não existem". Os especialistas procuraram classificar as drogas em três grupos, dependendo desses efeitos:

1) *Drogas depressoras:* são aquelas que diminuem a atividade do cérebro, provocando a sensação de relaxamento, calma, sonolência e diminuição da ansiedade. As pessoas que as utilizam se sentem mais relaxadas e desinibidas. Dentre as drogas depressoras, encontram-se: as bebidas alcoólicas, os medicamentos para dormir (hipnóticos e sedativos), os ansiolíticos (tranquilizantes), os inalantes e solventes (tíner, cola de sapateiro, lança-perfume/cheirinho da loló etc.).
2) *Drogas estimulantes:* são aquelas que aumentam a atividade do cérebro, provocando a sensação de agitação, força, coragem e excitação. As pessoas que as utilizam se sentem mais agitadas e eufóricas. Dentre as drogas estimu-

lantes, encontram-se: a cafeína, a nicotina, a cocaína/*crack* e as anfetaminas (medicamentos para emagrecer).

3) *Drogas perturbadoras:* são aquelas que provocam mudanças no funcionamento cerebral, ou seja, provocam distorções na maneira como percebemos o que está ao nosso redor. Essas mudanças podem ser na visão (formas e cores), na audição e no tato. As pessoas que utilizam esse tipo de droga podem apresentar confusão mental, alucinações (visões de coisas que não existem) e delírios (ideias falsas, como a de que estão sendo perseguidas por outra pessoa). Dentre as drogas perturbadoras, encontram-se: a maconha, o LSD (ácido lisérgico), tipos específicos de cogumelos e algumas plantas tóxicas.

Algumas drogas podem ter um efeito misto, dependendo da dose. Por exemplo, as bebidas alcoólicas em baixas doses podem ser estimulantes e em altas doses, depressoras. O *ecstasy* pode ser estimulante e em altas doses causar perturbação dos sentidos e alucinações.

> Os efeitos das drogas no organismo são influenciados também pelas características da pessoa que usa e do seu ambiente social e familiar: as condições físicas e mentais, incluindo o efeito que ela espera da droga, as companhias, o lugar onde usa e o que esse uso representa socialmente.

Como perceber se o parceiro ou parceira faz uso abusivo de drogas?

É importante que os parceiros possam identificar a maneira como uma droga está sendo usada e saber diferenciar um uso sem problemas de um uso abusivo ou até mesmo dependente.

O uso de algumas drogas, dependendo da frequência e da quantidade usada, pode, muitas vezes, não causar problemas na vida pessoal, no trabalho ou no corpo da pessoa. Por exemplo, muitas pessoas fazem uso social do álcool, ou seja, bebem apenas em eventos sociais, e conseguem parar de beber antes de ficarem embriagadas. Esse modo de uso pode não causar problemas. Entretanto, com o passar do tempo, pode se tornar mais frequente e em maiores quantidades e passar a ser um consumo abusivo de drogas.

O uso *abusivo de drogas* acontece quando podem ser percebidos *prejuízos claros* na vida pessoal. Por exemplo:

- faltar a compromissos porque estava sob o efeito da droga ou de ressaca (a pessoa deixa de ir a atividades sociais, como almoços com a família aos domingos etc., por causa do uso de drogas ocorrido na véspera);
- problemas de saúde causados pelo hábito de beber ou usar outras drogas;
- quando vai a festas, a pessoa se torna inconveniente, fala demais, "dá vexame";
- problemas no ambiente de trabalho devido às faltas, diminuição no desempenho e acidentes, uma vez que as drogas podem alterar o raciocínio, diminuir a concentração, a memória e a motivação para a realização das atividades do dia a dia;

Imagem: shutterstock/ ayelet-keshet

- alterações de humor, agressividade etc., que dificultam as relações profissionais, domésticas, com amigos e vizinhos.

Se a pessoa não for aconselhada ou tratada, é possível que o uso abusivo de drogas se desenvolva e, com o tempo, se transforme em um quadro de dependência.

Dizemos que uma pessoa tem *dependência de drogas* quando ela faz uso contínuo de uma droga e não consegue controlar esse uso. É importante lembrar que o desenvolvimento da dependência é influenciado por vários fatores, variando de uma pessoa para outra e também o tipo de droga usada.

Alguém que tenha outras pessoas na família (pais, irmãos, tios) com problemas de dependência de álcool ou outras drogas, tem mais chance de também se tornar dependente do que outra pessoa que não tenha parentes próximos com esse tipo de problema.

Pessoas que têm facilidade para conseguir bebidas alcoólicas ou outras drogas, por exemplo, garçons, funcionários de hospitais, pessoas que trabalham em locais que vendem bebidas alcoólicas, também têm mais oportunidades para fazer uso em grande quantidade e quase sempre. O mesmo pode acontecer se a pessoa tiver colegas de trabalho, parentes ou amigos que bebem muito ou usam drogas e que sempre insistem para que ela também faça uso.

Para fazer o diagnóstico de dependência, os médicos avaliam um conjunto de sintomas. Se a pessoa preencher pelo menos três deles, ela pode ser considerada dependente.

Quais são esses sintomas e sinais?

- a pessoa perde o controle e a capacidade de decidir SE, QUANTO ou ONDE vai fazer uso da droga;
- a pessoa tem uma vontade muito forte, à qual não consegue resistir, de fazer uso da droga (alguns usuários chamam esse desejo de "fissura");
- a pessoa precisa usar doses cada vez maiores para ter os mesmos efeitos (isso é chamado de "tolerância");
- se ficar algum tempo sem usar pode se sentir mal e esse mal-estar (chamado de "síndrome de abstinência") só desaparece depois de al-

gum tempo ou se a pessoa usar a droga naquele momento;

- para evitar a síndrome de abstinência, a pessoa pode começar a beber ou a usar a droga sem grandes intervalos entre uma dose e outra;
- a pessoa deixa de fazer coisas de que gostava antes e não cumpre seus compromissos, gastando muito tempo para conseguir e usar a substância;
- mesmo reconhecendo que o uso da droga traz problemas (que podem ser de saúde, no relacionamento familiar ou no trabalho), a pessoa não consegue controlar o uso – muitas vezes já tentou e não conseguiu;
- bebe ou usa drogas em situações em que isso pode causar claro risco para sua saúde ou de outras pessoas – por exemplo, dirigir ou operar máquinas.

Após esclarecer as diferenças entre uso social, uso abusivo e dependência, os próximos assuntos deste guia têm o objetivo de auxiliar na identificação de como o uso de drogas pode afetar a vida de um casal.

Olhando para dentro de casa...

Como já foi explicado, existem as drogas que são legalizadas e vendidas livremente para pessoas maiores de idade e as que são ilegais.

Drogas lícitas (legais)

É comum as pessoas pensarem que as drogas legais, por serem comercializadas livremente, não causam problemas; aliás, muitos nem as consideram drogas. É como se a palavra "droga" fosse apenas para aquelas substâncias proibidas por lei. Mas, como já foi mencionado anteriormente, drogas são todas as substâncias que provocam uma alteração no organismo. Assim, *a cerveja, o vinho, a pinga, o cigarro, os remédios, a acetona, o tíner, o esmalte de unhas, e outras tantas substâncias, são drogas.* O que acontece é que, com essas drogas de venda livre, é mais difícil identificar quando o uso se torna problemático. Um exemplo disso é o consumo de bebidas alcoólicas.

Em nossa sociedade, o álcool é usado: para brindar os momentos felizes, em diversas comemorações, como aniversários e festas, para celebrar os bons negócios, para fechar novos contratos, para confraternizar com amigos no futebol (às vezes antes, durante e depois); nas reuniões com os amigos aos fins de semana, depois do trabalho para relaxar etc. São muitas a situações em que as bebidas alcoólicas estão presentes e o seu consumo pode ou não ser problemático. O consumo é problemático quando, por exemplo, a pessoa perde o controle sobre a quantidade de álcool ingerida. Como resultado, o indivíduo pode ficar nervoso, agressivo, ou falar demais, incomodar ou provocar os outros. Além disso, pode também se colocar em perigo – e aos outros – se for dirigir sob efeito da bebida ou se se envolver em discussões e brigas.

Imagem: shutterstock/ Sarawut Padungkwan

Atenção: Não manter o controle sobre a quantidade de álcool ingerida pode trazer problemas ao indivíduo que a consome ou a quem está por perto.

Quando o indivíduo passa a aumentar o consumo, usando a substância não só em ocasiões festivas, mas com regularidade (quase todos os dias) e em quantidades crescentes, isso deve ser um sinal de alerta. Mesmo que, inicialmente, não seja um consumo muito exagerado, esse aumento na quantidade é um fator importante a ser observado. Com o uso mais frequente e em doses cada vez maiores, outros comportamentos também podem aparecer: a pessoa fica mais calada, procura estar mais tempo com pessoas que também bebem, pode ficar nervosa e, às vezes, agressiva aos menores motivos, passa a preferir as ocasiões que envolvem consumo de bebidas e a evitar situações em que este consumo não seja possível, gasta cada vez mais dinheiro em bebidas, falta com frequência ao trabalho, esquece seus compromissos e se desinteressa das suas tarefas habituais.

Sinais físicos também podem aparecer, embora os problemas de saúde associados ao alto consumo de bebidas alcoólicas tendam a se manifestar e a se agravar somente após muito tempo (às vezes anos) de uso. Mas, mesmo no início de um uso problemático, alguns sintomas físicos podem ser observados: diminuição do apetite, presença de fortes dores de cabeça ("ressaca"), aumento da pressão arterial; problemas digestivos e intestinais, problemas de sono (como insônia, ronco ou apneia).

> Se um médico for procurado, é importante que seja informado sobre os hábitos de beber do indivíduo, mesmo que ele não faça perguntas a esse respeito.

Problemas relacionados ao abuso de álcool são mais frequentes entre homens, mas, por outro lado, um número grande de mulheres pode ter problemas pelo uso de anfetaminas e calmantes. Dizemos que existe abuso no consumo de medicamentos (remédios) sempre que eles são utilizados sem receita médica e de forma diferente daquela para a qual foram indicados (por mais tempo ou em maior quantidade). Assim, quando a pessoa usa remédios para emagrecer (anfetaminas), calmantes (ansiolíticos), para alívio de dores (analgésico) entre outros sem receita, está correndo o risco de desenvolver dependência dessas substâncias e, em lugar de melhorar os problemas para os quais começou a tomar o medicamento, pode adquirir outros mais sérios e de difícil tratamento. Isto é, o indivíduo não emagrece, não se sente calmo e nem dorme melhor, as dores não passam, e ainda pode sentir-se mais agitado, agressivo e irritável.

A compra de remédios sem receita e em grande quantidade é um sinal de alerta de que um consumo abusivo está acontecendo, assim também como o aparecimento de alterações bruscas no comportamento (agitação, fala acelerada, muitas queixas de dor, distúrbios no sono, desinteresse com as tarefas do dia a dia, falta de cuidado com a aparência ou higiene etc.).

> *Atenção:* O consumo de remédios sem prescrição médica pode levar ao desenvolvimento de dependência da substância utilizada.

Uma das dependências mais comuns de substâncias legalizadas é a dependência da nicotina que existe no cigarro de tabaco. O cigarro é consumido por grande número de pessoas no Brasil e só recentemente a sociedade tem tomado atitudes para tentar reduzir os prejuízos que este hábito traz, não só para quem fuma, mas também para quem está perto e respira a fumaça. Por isso, muitas leis têm aparecido para tentar controlar o consumo e diminuir o número de fumantes.

Imagem: shutterstock/ kojikoji

Parar de fumar é a melhor decisão, mas esta não é só uma questão de vontade. Há pessoas que passam por várias tentativas e até necessitam de tratamentos específicos, em um *processo* que pode levar anos. Porém, enquanto ainda não consegue encarar esse desafio, é importante que o indivíduo que fuma perceba que o seu consumo também prejudica as pessoas que estão à sua volta e tente fazer algumas mudanças em seu comportamento, entre elas: evitar fumar dentro de casa e em lugares fechados, procurando locais arejados e longe dos não fumantes (principalmente das crianças, pois elas aprendem a fumar observando os adultos), reduzir o número de cigarros diários e evitar fumar em jejum.

Se no casal os dois parceiros são fumantes, um pode servir de ajuda para o outro na tentativa de parar ou diminuir o consumo. Se apenas um dos parceiros é fumante, o outro pode auxiliá-lo a buscar maneiras que ajudem a reduzir o consumo.

> *Lembrete:* O consumo de cigarros também merece atenção, porque é uma droga que traz prejuízos à saúde de quem fuma e das pessoas que estão ao redor respirando a fumaça (conhecidas pelo nome de "fumantes passivos").

Drogas ilícitas (ilegais)

Quando um dos parceiros consome drogas ilícitas, os riscos iniciam a partir da compra, pois o contato com traficantes, mesmo que seja para comprar uma quantidade pequena, coloca a pessoa em risco de sofrer algum problema com a justiça ou de se envolver em dívidas que podem levá-la a se tornar uma peça para o tráfico ilegal ou, pior, sentir-se fisicamente ameaçada. O uso de drogas ilegais, mesmo que de forma recreativa, em pequenas doses eventuais, pode ser uma ameaça à segurança do usuário e das pessoas com quem ele convive.

Algumas mudanças de comportamentos podem ser indicativas do uso problemático de drogas ilícitas, entre elas: isolamento (ficar mais distante, falar menos de si, sair e não informar aonde vai ou esteve), agitação, irritabilidade, impaciência, alterações no sono e de apetite, preferência por estar na companhia de conhecidos que são usuários, perda da noção de tempo, passar noites fora de casa, gasto de dinheiro excessivo sem explicação de como foi usado, desinteresse pelas obrigações e pelo trabalho, descuido com a aparência e higiene.

Atenção: Mudanças bruscas no comportamento habitual do indivíduo podem ser indicativas do uso problemático de drogas.

O QUE FAZER QUANDO UM DOS PARCEIROS ESTÁ USANDO DROGAS?

> O abuso de drogas atinge de maneiras diferentes todo o sistema familiar, mesmo quando apenas um dos parceiros a usa.

Quando é apenas um dos parceiros que faz uso de drogas, a tendência daquele que não usa pode ser a de assumir para si as várias funções que antes eram divididas entre os dois: o sustento da casa, o cuidado com os filhos ou outros dependentes, as decisões etc. A pessoa que usa droga vai ficando isolada do convívio familiar ou porque está sob o efeito da droga ou porque já não se confia nela; enfim, de alguma maneira, a carga das tarefas aos poucos aumenta apenas para um dos parceiros e o outro é colocado a distância, sem voz ativa e quase sem direito a ter suas necessidades respeitadas. Com o tempo, podem surgir sentimentos de raiva e de abandono nos dois parceiros. Podem aumentar as discussões, a violência dentro de casa, o descontentamento e toda essa situação pode passar a ser mais um motivo para aumentar o consumo de drogas. É como se as coisas acontecessem de modo que uma situação piora a outra e isso cria uma "roda-viva" de acusações e insatisfação, sem fim.

Outra situação que pode acontecer é de um dos parceiros passar a cuidar do parceiro que abusa das drogas de uma forma muito protetora, quase como se estivesse cuidando de um filho. Pode parecer que não existem brigas ou conflitos. Muitas vezes, essas reações acontecem porque o parceiro que cuida do outro pode "sentir vergonha" da situação e tenta evitar que as outras pessoas da comunidade percebam a existência do problema. Essas pessoas acreditam que esta é a melhor forma de manter o relacionamento com o parceiro, a família e os amigos. Mas, atenção! A tentativa de negar o que está acontecendo é um "tiro que pode sair pela culatra": a pessoa acha que consegue resolver sozinha a situação, que esse é mais um desafio como os outros tantos que ela sempre enfrentou e, então, começa a *negar a realidade. Isso pode fazer com* que os problemas aumentem. A pessoa "cuidadora" inventa desculpas para as faltas do parceiro ou parceira no trabalho, pede dinheiro emprestado para pagar as dívidas acumuladas e justifica o comportamento do companheiro ou companheira aos familiares como "uma fase passageira" etc. Às vezes, algumas tentativas de soluções sem o conhecimento do parceiro podem trazer problemas sérios. Um exemplo comum é o que acontece frequentemente quando esposas ou companheiras de homens com dependência de álcool misturam na comida "remédios" propagandeados como "solução para o alcoolismo", sem saber que eles podem provocar reações muito sérias e até matar. Isso acontece por falta de informação sobre os efeitos desse tipo de remédio. Existem dois tipos de remédio parecidos no modo como são vendidos e até mesmo no nome. Um deles, que tem o nome genérico de *Dissulfiram*, pode provocar aumento da pressão arterial e dos batimentos cardíacos, dor de cabeça, enjoo ou vômitos e vermelhidão no rosto, se também for ingerida bebida alcoólica, mesmo que em pequena quantidade. Em alguns casos, quando o consumo é grande, o coração pode parar de bater e o pulmão parar de funcionar. Também são muito utilizados os remédios que provocam enjoo – conhecidos como *eméticos*. O que pode acontecer é o parceiro pensar que a comida estava estragada e não que tenha sido o álcool que fez mal. Quando foi elaborado o *Dissulfiram* (mencionado anteriormente) a ideia de uso era bem diferente. *O objetivo era ajudar a pessoa que quisesse parar de beber a tomar uma decisão por dia:* se tomasse o remédio ela sabia que, por ao menos uma semana, não deveria beber porque se bebesse poderia ter uma reação muito forte, passar mal e até morrer. O segundo tipo de remédio (*emético*) deveria ser usado de maneira a fazer com que a pessoa deixasse de gostar de beber. Para isso ela (sabendo o que estava fazendo) deveria tomar o remédio e beber em seguida. Aí, ela começaria a passar mal (enjoo e vômitos) e faria uma ligação entre os efeitos do álcool e os sintomas desagradáveis do remédio.

Com esses esclarecimentos é possível entender como o uso de remédios, sem o conhecimento do indivíduo que toma, pode trazer mais problemas do que soluçoes. Pensando estar ajudando o parceiro com problemas, o parceiro "cuidador" piora a situação. Isso acontece por falta de diálogo entre o casal.

Negar o problema pode durar anos e, por mais que se queira escondê-lo, o sofrimento de todos que estão próximos só aumenta e é cada vez mais aparente. Além disso, quando não se aceita que existe um problema, fica mais difícil encontrar ajuda adequada.

Imagem: shutterstock/ Lorelyn Medina

Negar o problema diminui a chance de o usuário perceber as perdas que tem com seu comportamento e, com isso, tomar alguma atitude que o leve à mudança.

Muitas vezes os dois parceiros usam juntos a droga (talvez, seja esse fato que levou à união) ou um "aprende" com o outro a usar e os dois podem se tornar dependentes. Nesses casos, é comum o aumento de situações de violência (verbal e física) e a negligência no cuidado de filhos e idosos que estejam sob a responsabilidade do casal. São casos em que os dois necessitam de ajuda e, por isso mesmo, precisam contar com a colaboração de pessoas próximas (familiares, amigos, vizinhos) que possam apoiar tanto no cuidado de crianças como no encaminhamento para tratamento.

Um aspecto delicado nessas situações diz respeito à vida sexual. Existem várias crenças populares sobre o efeito das drogas na atividade sexual. Os usuários de álcool, por exemplo, muitas vezes acreditam que o consumo de bebidas alcoólicas melhora o desempenho sexual, enquanto que os usuários de cocaína relatam aumento da atividade sexual e da sensação de prazer. No entanto, vários estudos científicos mostram que o uso intenso de drogas diminui tanto o interesse como o desempenho sexual. A impotência é uma queixa muito comum em pessoas que fazem abuso ou são dependentes de álcool.

> *Atenção:* O consumo exagerado de álcool e/ou outras drogas aumenta a chance de prática sexual sem proteção, ou seja, sem o uso de preservativos (camisinha).

Às vezes, o parceiro usuário de drogas desenvolve um ciúme intenso da sua parceira ou parceiro (*ciúme patológico*). O indivíduo acredita que seu parceiro (ou parceira) esteja envolvido afetivamente ou sexualmente com outra pessoa. Isto leva a discussões e interpretações fantasiosas – a pessoa imagina que viu ou ouviu cenas e conversas que não existiram e passa a querer controlar a parceira ou parceiro. Isso prejudica as relações com outros familiares e até no trabalho. Nesses casos, a chance de violência aumenta muito e é necessário pedir ajuda para proteger, além do companheiro em risco, crianças e outras pessoas que convivem com o casal.

A importância do diálogo

Quando duas pessoas se unem numa parceria conjugal passam a dividir todas as tarefas comuns de manutenção da casa, do casal e da família. Desde quem levanta primeiro e acorda o outro, quem lava a louça, quem faz as compras, até quem leva os membros da família ao médico ou ajuda um familiar com problemas são tarefas divididas ao longo da convivência, de acordo com as conveniências e características de cada família. Da mesma maneira são criadas regras para a organização da vida em comum: quem cuida das despesas, como será empregado o dinheiro ganho, o que fazer nos domingos e feriados, como será a educação dos filhos, os horários das refeições etc. Todas essas atividades são conversadas e decididas em conjunto e, ao serem aceitas, passam a ser seguidas e respeitadas por cada um dos parceiros.

As conversas entre duas pessoas, em que cada uma diz o que pensa, ouve e é ouvida pela outra, são chamadas de *diálogos*. São os diálogos que facilitam o entendimento e, por isso, é o melhor caminho para a resolução de problemas – dos mais simples até os mais complexos, como aqueles que envolvem questões de saúde e de convívio.

Imagem: shutterstock/ emrCartoons

Note que para uma conversa ser considerada um *diálogo*, ela precisa ter algumas características:

- cada um sabe que pode dizer o que pensa;
- cada um está disposto a escutar o que o outro diz;
- as pessoas conseguem discutir sem gritar;
- não existe necessidade de mentir;
- as pessoas não se ofendem. Cada um respeita os limites do outro; (isto é: com a convivência as pessoas aprendem como falar as coisas mais difíceis para o outro ouvir);
- as pessoas respeitam também os próprios limites: cada um sabe até onde aguenta ceder (isto é: quando faz as vontades do outro, sem se sentir desrespeitado ou explorado; não aceita tarefas que estão acima de suas capacidades);
- o momento é adequado (as pessoas estão sozinhas, sem pressa ou compromissos urgentes).

Ao iniciar a conversa é bom marcar um tempo de comum acordo para terminá-la; principalmente, quando é um assunto difícil. Esse é um recurso que ajuda a encontrar soluções mais rapidamente e, no caso de não esgotar o assunto no tempo determinado, é melhor marcar outro momento, evitando ficar remoendo as mesmas histórias e desgastar as relações pela repetição.

Os casais não estão sozinhos. Busque ajuda!

A dependência de drogas não acontece de uma hora para outra e nem acontece devido a uma causa só. É por isso que se diz que é um *processo*. Algo que vai começando muito devagar, se desenvolvendo ao longo do tempo, por várias causas. Há até uma canção popular, interpretada por R. Boldrin, que diz: “Bebo com o sol quente pra esfriar o calor, E bebo de noite é pra fazer suador [...]”, mostrando que, depois de instalada a dependência, todos os motivos parecem levar ao uso. Por isso, a solução para o problema também não pode ser simples. Ela pode ser lenta e envolver mudanças não só para a pessoa que usa, mas para todos que convivem com ela.

> A dependência de drogas é um processo que se desenvolve lentamente. Da mesma forma, não se pode esperar que a pessoa pare de usar a droga de repente. *Parar também é um processo* que vai além da vontade de deixar o consumo.

Dialogar é uma forma de conhecer o que a outra pessoa pensa do seu uso de drogas ou de saber se ela percebe que esse comportamento pode ser um problema. É importante poder falar o que está sentindo, sem fazer acusações, explicar como a rotina da casa está alterada devido ao comportamento da pessoa e convidá-la a pensar junto em soluções que atendam todas as dificuldades do casal. O diálogo pode restabelecer a confiança, sentimento que fica ameaçado quando o uso da droga se coloca entre as duas pessoas. As respostas estão no casal, mas, pelo fato de os dois estarem envolvidos, muitas vezes é difícil que percebam todos os aspectos do problema. A abertura do diálogo é importantíssima para que nenhum se sinta sozinho com a responsabilidade de resolução de todas as dificuldades. O apoio do companheiro ou companheira é fundamental, mas *a decisão de procurar ajuda, qual tipo de ajuda e para quem pedir ajuda deve ser tomada em conjunto.* As ações isoladas (pedir ajuda para alguém sem o conhecimento do parceiro ou dar remédios sem a pessoa saber que está tomando) não ajudam e podem prejudicar ainda mais a relação, levando à perda da confiança, aumentando a raiva e afastando as possibilidades de ajuda real.

> A dependência de drogas é um processo que se desenvolve lentamente. Da mesma forma, não se pode esperar que a pessoa pare de usar a droga de repente. *Parar também é um processo* que vai além da vontade de deixar o consumo.

Quando está difícil de ocorrer o diálogo, há a necessidade de pedir ajuda e orientação de pessoas da confiança dos dois (profissionais de saúde, líderes comunitários, religiosos etc.) para servirem como mediadores da conversa.

> É fundamental que o casal não se isole. Procurem orientação e ajuda!

Para saber mais

Filmes sobre o tema

- *Quando um homem ama uma mulher*
- *28 dias*
- *Despedida em Las Vegas*
- *La Luna*

Endereço e telefone úteis

SENAD – Secretaria Nacional de Políticas Públicas sobre Drogas:

Esplanada dos Ministérios
Bloco T, Anexo II – 2º andar, sala 213
http://portal.mj.gov.br/senad/

Viva Voz (informações sobre drogas via telefone): 132 (ligação gratuita para todo o Brasil).

Sites contendo informações sobre substâncias psicoativas

- http://www.einstein.br/alcooledrogas
- http://www.puc.campinas.br/drogas
- www.terra.com.br/saude/drogas
- http:// www.unifesp.br/psicobio/drogas

Referências

Barnes, G. G. (1997). Forças e vulnerabilidades pessoais no contexto familiar e social. In G. Edwards; C. Dare. *Psicoterapia e tratamento das adições*. Porto Alegre: Artes Médicas, p. 42-52.

Carter, E., McGoldrick, M. (1995). As mudanças no ciclo de vida familiar. In E. Carter, M. McGoldrick. *As mudanças no ciclo de vida familiar: Uma estrutura para a terapia familiar* (Cap. 1, pp. 7-29). Porto Alegre: Artes Médicas.

Instituto Brasileiro de Geografia e Estatística – IBGE, 2003.

Silva, E. A., De Micheli, D. (2010). *Adolescência uso e abuso de drogas: uma visão integrativa*. São Paulo: Editora FAP-Unifesp.

Sobre as autoras

Beatriz Marra Vaz de Camargo

Psicóloga, Terapeuta de Casais e Famílias, Especialista no tratamento da Dependência e Abuso de Drogas.

E-mail: biamar318@yahoo.com.br

Eroy Aparecida da Silva

Psicóloga, Psicoterapeuta Familiar, Pesquisadora na Área de Álcool e Outras Drogas, Disciplina Medicina e Sociologia do Abuso de Drogas, Doutora em Ciências – Departamento de Psicobiologia, Universidade Federal de São Paulo (Unifesp).

E-mail: eroyntc@gmail.com

Ana Regina Noto

Psicóloga, Coordenadora do NEPSIS (Núcleo de Pesquisa sobre Saúde & Uso de Substâncias) e Professora do Departamento de Psicobiologia – Escola Paulista de Medicina – Universidade Federal de São Paulo (Unifesp).

E-mail: anareginanoto@gmail.com

Denise De Micheli

Psicóloga, Professora Adjunta da Disciplina de Medicina e Sociologia do Abuso de Drogas (DIMESAD), Coordenadora do CIENSEA (Centro Interdisciplinar de Estudos em Neurociência, Saúde e Educação na Adolescência) – Departamento de Psicobiologia, Universidade Federal de São Paulo (Unifesp).

E-mail: demicheli_unifesp@hotmail.com